AF599778

LOLITAS

ANTONIO SOTO ALCÓN nace en Librilla (Murcia) en 1952. Poeta y pintor. A lo largo de su trayectoria ha recibido varios premios literarios: III Premio de poesía "Miguel de Cervantes" Armilla (Granada), con el libro *En aquellas islas del alma*, 1998. Mención de Honor "Premio Internacional Antonio Machado" Colliure (Francia) con el libro: *Desde mi ventana*, 1999. X Premio de Poesía Ciudad de las Palmas de Gran Canaria, con el libro: *El libro de los espejos*, 2002. II Premio de poesía "Dionisia García" Universidad de Murcia, con el libro: *Todas las mañanas se asoma un ángel a mi ventana*, 2002. XXI Premio de poesía "Antonio Machado" Ayuntamiento de Sevilla, con el libro: *También en primavera mueren los cisnes*, 2002. Ha publicado: *Lolitas*, 1999 y 2024, *Todas las mañanas se asoma un ángel a mi ventana*, 2002. *El libro de los espejos*, 2003. *El origen del mundo*, Antología, 2004. *También en primavera mueren los cisnes*, 2004. *Pubis Púber*, 2011 Pictografía. Premio Murciano del año de Poesía por el libro *La sombra de Arthur*, 2015, *El Meditador del Tiempo*, 2018, *Los perros del mundo también amamos*, 2018, *A Menfis*, 2019, *Corazón, toca los tambores de la mañana*, 2019, *Noches de Tunicia*, 2021, *Antonio,* 2022 y *Tú también sabrás perdonarme*, 2023

ANTONIO SOTO ALCÓN

LOLITAS

HUERGA Y FIERRO EDITORES

PRIMERA EDICIÓN 2024

C/ SEBASTIÁN HERRERA, 9 - 28012 MADRID
huerga@huergayfierro.com
www.huergayfierro.com
I.S.B.N.: 978-84-128764-1-3 - D.L.: M-13166-2024
IMPRESO EN ROMADAC INDUSTRIA DEL LIBRO
EDITADO EN ESPAÑA

LOLITAS

A Elia

Flor del deseo, no mueras nunca.

Apresúrate,
mi corazón no tiene tiempo.
Descorre las cortinas,
pon a punto los motores,
abre todas las puertas
y nunca mires hacia atrás,
yo te estaré esperando
en el filo de la noche,
como el loco que ríe
y habla a las estrellas.

LOLITAS

PARA dicha y sufrimiento nuestro,
ahí están ellas:
radiantes y descaradas, mostrándonos
la cálida desnudez de sus cuerpos.

ELIA

DESDE que te conozco
oteo el horizonte,
señalo la ruta de tus pasos,
entro a los mismos pubs
que tú frecuentas,
bebo la misma marca de coñac
que abrasa tus labios,
espío tu centro de trabajo,
hablo con tus amigas,
huelo tu rastro…
Desde que te conozco, Elia,
soy el perro que orina en tu esquina,
para que ningún otro
invada mi territorio.

MARIPOSA NEGRA

TREPÉ por sus muslos,
besé sus labios,
acaricié aquella mariposa
negra entre sus ingles,
quise morir sobre ella,
la muerte no me dejó.

PEQUEÑOS PLACERES

SALÍAMOS todos sonrientes
de aquel céntrico café,
y mi tristeza
que es muy astuta,
resbaló calle abajo
al ritmo de sus piernas.

ESPERANDO EL POEMA

MIENTRAS llega el poema,
contaré los pelos de tu pubis.

IMILCE

TENÍA que suceder. Estaba
escrito en las estrellas.
Ningún beso ata para siempre.
Dos cuerpos se pueden juntar,
también las bocas y las manos,
pero el alma, Ímilce,
no lo dudes, es otra cosa.
Hay una noche para nosotros,
una esquina sin luz,
una calle sin nombre.
Y sobre nuestros pasos
corre esa sombra:
ese día que nunca amanece,
ese pozo que nunca se llena.

AQUELLA TARDE FRENTE AL MAR

NUNCA busqué la historia de un amor perfecto,
pero allí estaba ella sobre la ardiente arena.
Y mis cimientos temblaron
ante aquella diosa de fuego,
aquella delicia de boca,
aquellos ojos, aquel cabello
cayendo sobre sus hombros.
Y era real como la vida misma.
¡Dios, y cómo quemaban sus miradas
perdidas en el azul del mar!
Verdaderamente la belleza existe,
estaba en aquel cuerpo, en aquel rostro,
y yo la deseaba, oh sí, la deseaba
hasta la locura,
y hubiera matado por ella,
y me habría cortado las venas,
y hasta la muerte hubiera sido dulce,
si aquellos labios me hubieran besado entonces.

OSCURO AMOR

CUANDO acercas tu pubis a mi rostro,
toda la noche cae sobre la tierra.

EURÍDICE

NO me digas nunca la verdad,
engáñame,
                    ríete de mis flaquezas,
hazme tu esclavo,
flirtea con los demás si así lo quieres,

pero cuando llegue la noche,
vuelve tu rostro hacia mí,
ven a contar estrellas conmigo,
regresa al fin a la sombra
que te da cobijo,
                    a este vértigo,
de por qué la vida nos mata.

LA CITÉ UNA TARDE LLUVIOSA

LA cité una tarde lluviosa de otoño
en una cafetería con escasa luz
y poca gente.
Y me ofreció su lengua
con sabor a café y a tabaco.
Luego, bajo la lluvia,
me la llevé a una pensión de mala muerte,
y allí perdimos la noción del tiempo.
Poco importaba entonces
que cayera el mundo,
o que aquella vieja cama
se hundiera en el infierno.
Sería más tarde,
cuando se encendió la luz
en nuestros cerebros,
huyendo como ladrones bajo la noche.

EN DÍAS COMO ESTOS

HAY quien se abre las venas
esperando un amor que no viene.
En días como estos
la tuve entre mis brazos.
Te amaré siempre — me dijo—,
y ya sus manos volaban
ligeras hacia otros brazos.
Ella me besó por última vez.
Entonces supe lo que era
el sabor de un beso triste y amargo.

UNA NOCHE DE POESÍA

LA fulana aquella empezó a hablarme de un tal Eliot,
luego de Rimbaud, de Yeats, de Leopardi…,
y no sé cuántos más que no recuerdo,
mientras yo miraba atento sus labios,
aquella lengua roja y aquellos dientes;
y pensé en la poesía tan maravillosa
que se podía hacer con aquella boca;
pero ella, hablaba como una cotorra,
y yo bajé la mirada hacia
aquel terso pecho que se adivinaba
debajo de aquella blusa transparente;
y la boca se me hizo agua cuando pensé
en sus pezones y a mi lengua trabajándolos;
sólo, de vez en cuando, asentía
con la cabeza para disimular,
la excitación de mis ojos traspasando su cuerpo
con miradas hirientes como cuchillos;
luego, me detuve en su pelo azabache
y en aquella humedad de sus axilas,
y empecé a escuchar una música celestial en mi cerebro,
pensando en aquel coño tan próximo a mis manos;
y aborrecí aquellos nombres,
y a toda la poesía habida y por haber;
y fue en ese instante cuando me puse triste de repente,
al no poder poseer su cuerpo
bajo aquella hermosa luna
que brillaba en el cielo,
porque quizá entonces sí hubiera escrito
el mejor poema de mi vida.

EN AQUEL RECITAL

Y yo aguantando allí
estoicamente,
tan sólo
por aquel par de tetas
moviéndose
al ritmo de sus palabras,
y aquella boca
disparando cosas como:
¡Oh, rosa abandonada!
¡Ay, amor, que me muero!
y otras lindezas
por el estilo;
ah,
la única tragedia
era mi bragueta
a punto de reventar,
así que, después
de una hora larga
de asesinarme el instinto,
me fui al retrete
a vomitar
tanto verso y
tanta historia,
y me masturbé
pensando en aquel
cuerpo y en sus curvas,
y todo lo demás
me pareció basura
después de aquel orgasmo.

AUSENCIA DE TI

AUSENCIA de ti,
no es un perfume,
es tu nombre
dibujado en la niebla
un día de noviembre,
mientras yo atravieso
los inmensos jardines de la vida,
sin flores en mis manos.

UNA NOCHE DE JULIO

ERA una cálida noche de julio.
Tú llevabas pantalón corto
y una blusa azul celeste.
Bella, como una diosa griega,
me besaste y yo besé
con pasión tu boca.
Después, nos fuimos a un lugar apartado,
bajo las sombras de la noche,
y allí, libé de ti
el delicioso néctar de tus labios.

AQUELLA NOCHE EN EL PARQUE

VENÍAS con una grave mirada existencial
y yo te acaricié la mejilla.
Era una noche tibia de septiembre
con luna y todo, y alguaciles
en las esquinas aguantando el desmadre.
Tú me dijiste, —qué vida más perra—,
y yo te contesté, —pero qué suerte—.
Y después de cinco o seis gin-tonic de garrafa,
nos pusimos a bailar como locos a ritmo bakalaero;
y tú me dijiste: —Jo, qué divertido es esto.
Y yo te contesté: —me aburro como las piedras.
Y entonces nos fuimos a aquel parque
entre sombras furtivas y estatuas sucias,
y yo te toqué los pechos con suavidad,
y tú jadeante, como una perra en celo,
me pediste más y más,
y yo ya no supe qué darte.
Después ya fue todo abismo:
la noche, tus curvas,
y la velocidad de mi lengua.

SIXTINO, VIEJO AMIGO

SIXTINO, viejo amigo,
el verano ha vuelto
a nuestros cansados ojos.
¡Hay tantas flores que mirar!
A belleza igual,
prefiero las entradas en carnes,
las delgadas, viejo amigo,
carecen de humor
y hasta se cabrean
cuando tienen apetito.
Pero no pienses
que he perdido el gusto
con el paso de los años.
También acepto las cuarentonas,
esas sí, Sixtino,
que saben guardar
los secretos,
y ni siquiera lloran
cuando les dices adiós.

A CARO

CARO,
no tienen mis versos
el don de la gracia,
ni el elegante toque
que tú nos regalas
cuando abres la boca;
más bien, soy el corno
que avisa a los perros
en la cacería del zorro;
no son mis palabras
aves de fácil vuelo,
pues ni tienen ritmo
ni bella arquitectura;
así, los dioses conceden
abundancia a algunos,
mientras a otros
nos lo niegan todo.
Caro, si por mí fuera,
tú serías una rana
y yo, un dulce canario.

LUMILA

LUMILA, luz del universo,
envidia de todo lo que tiene ojos,
nada hay comparable a tu belleza,
todo en ti es armonioso
y no hay rincón de tu cuerpo
por el que yo no suspire.
Lástima, —y eso sí me duele—,
que tengas ese adefesio
que te acompaña a todas horas;
más te valdría abrir los ojos
para ver que, cerca de ti,
hay un Catulo que arde.

HELENA

¿ENAMORARTE de mí?
¡Qué malversación!
¡Si hasta los ángeles lloran
cuando me nombras!
Y no es que yo te desprecie, no,
bien sabes cuánto te deseo
y cómo huyo de mí
para no caer en tus redes.
Antes deberías pensar en tu futuro,
en esos años que están por llegar,
acordarte de tus padres,
de tus hermanos y amigos.
Yo, querida, no te convengo,
ya te lo dice el horóscopo
y aquella bruja que nos echó las cartas.
¡Si hasta las estrellas lo niegan!
Abandona toda idea
de fugarte conmigo,
pues ni la noche más oscura
escondería mi vergüenza,
ni la distancia más larga
borraría nuestros destinos.

NADIE TE AMARÁ COMO YO TE AMO

NADIE te amará como yo te amo.
Yo soy tu amante perfecto.
Pide lo que quieras por tu boca
y al instante te complaceré.
Si me dices que bese tus pies
los lameré como un perro,
si me pides la luna
pondré la luna en tus manos.
Nadie te amará como yo te amo.

A LIDIA

LIDIA,
triste es decirlo,
pero mi vida,
—la vida de Héctor—,
sólo gira
alrededor de un jardín:
tu hermoso pubis
hecho de polen y rocío.

TULIO

ME preguntas, Tulio,
si escribo poemas.
No sabes bien
cómo los invento
cuando miro a esa mujer
que tienes como tuya.
Más te valdría
no exponerla demasiado,
ni dejarla sola
cuando vamos de copas,
pues en ella me inspiro,
cuando llego a casa
y sueño,
en esa oscura selva
que imagino entre sus muslos.

A CLAUDIA

SÓLO se vive una vez, Claudia,
y de esa eterna sombra
que nos aguarda jamás se regresa.
Ríe, goza, come, bebe…,
y haz el amor siempre que puedas,
pues nada ha de quedar de ti,
cuando venga la parca
y te lleve a la oscura tumba.

TODAS LAS MAÑANAS

MI angustia, Lidia,
comienza en el estómago
todas las mañanas.
Si tú supieras
qué esfuerzo supone
abrir la puerta
al día y a las voces,
y a esos ojos
que arden como brasas;
tener que salir
de estos setenta metros,
a la lejanía de las cosas,
a lo infinito del cielo.

NO RECUERDO SU NOMBRE

NO recuerdo su nombre.
Apareció aquel verano
en el que Armstrong pisó la luna.
Tenía los ojos más azules
que yo haya visto nunca.
Su fina cintura, la suavidad
de aquella dorada piel
transformaron mi vida.
Nadie me ha besado como ella.
Ninguna mujer me quiso tanto.
Fue en verano,
mientras el mundo miraba a la luna.

SIEMPRE ME GUSTARON LOS RETRETES

SIEMPRE me gustaron los retretes,
sus oscuros mensajes de amor,
sus citas, sus pequeños poemas,
escritos con la prisa
del que masturba su cerebro.
¡Ah, aquellos poemas
de tan hermosas caligrafías!
Allí hundimos nuestro ser
un día con un nombre:
Rosi, María, Teresa…,
te quiero, pienso en ti,
tus muslos,
tus ojos,
el misterio de tu pubis,
la soledad de la carne.

VEN

VEN, dame tu boca
y muere conmigo,
que la noche es larga
y cortas nuestras vidas.
Desnuda tu cuerpo
bajo las sábanas,
que hace frío en la calle,
y la noche no tiene estrellas.

ELLA

ELLA era mi amante y mi compañera,
los ojos por los que miraba al mundo,
mis manos y mis pies en el camino.
Un día se fue para siempre
dejándome solo bajo la noche.
Ella que fue mi norte,
mi esperanza, mi luz, mi estrella.
Ella que lo fue todo.
Desde que Lumila me abandonó,
el cielo oscureció,
y mi vida naufragó para siempre
en el océano de la desdicha.

CAYÓ EL MUNDO

LA penetré
una vez,
dos veces,
tres;
después,
cayó el mundo
con todos sus dogmas;
necesariamente,
la vida
estaba allí,
bajo mi cuerpo,
una mosca
sobre la lámpara,
un cuadro
desnudo,
una pared
blanca,
y unas sábanas
mojadas
por el sudor;
mi frente reposó
sobre su pecho.

PEQUEÑAS FLORES

¡AH, pequeñas flores de un verano,
que ya nunca podré tener!
Angélica, Nieves, Yolanda,
sonreíd, llorad,
alguien nos robó la memoria.
Mirad cómo trepo
los altos árboles del camino;
todavía conservo el rubor
de vuestras mejillas.
¡Vamos, subid aquí!
braguitas blancas de Nieves,
falda roja de Angélica,
azul turquesa de Yolanda,
pequeños mundos en el verde
oscuro de una pizarra:
j' ai... tu as... il a...
nous avons... vous avez... ils ont...

ELLAS PASARON

ELLAS nunca me dijeron nada.
Hermosas como la luz,
pasaron bajo los árboles
donde yo tomaba la sombra.
Pasaron y nunca se detuvieron.
Llevaban en sus ojos
la alegría de los días azules,
y corrían, corrían…,
eran los colores del arco iris
escapándose de mis manos,
eran los crepúsculos,
el alba,
la vida.

EL TIEMPO

EL tiempo que viví lejos de ti, Iris,
ni fue tiempo ni tampoco tuvo alma.
Fueron las manecillas del reloj
las que me prometieron tu llegada.
Desde entonces suenan las horas
horribles y sus tétricas lanzas me avasallan.
Cuando es de día hieren mis ojos.
Cuando es de noche atraviesan mi corazón.

VEN, AMADA MÍA

VEN, amada mía,
posa tu cabeza en mi regazo,
y sueña que este día no acabe nunca.
Ven, entrelaza tus manos a las mías,
que el día es hermoso,
y en su cielo azul vuelan los pájaros.

A LIVIA

¡OH, Livia,
nunca la vida supo a tan poco,
jamás la muerte me supo a tanto!

A LIDIA

LIDIA, el tiempo no perdona.
Hace tan sólo veinte años
eras la reina del baile,
con tu pantalón azul turquesa
y tu mirada de niña mala.
Y hoy, ya ves, querida,
se ha hecho tarde para todo.
Tuviste que hacerme caso
aquella noche cuando te dije:
—Follemos, Lidia, follemos
hasta la locura,
que el tiempo jamás regresa;
no dejes para mañana
lo que puedas hacer hoy,
ahora que eres joven y bella,
y tu cuerpo tanto lo desea.

ME PREGUNTAS

ME preguntas,
cuál es nuestro destino:
morir sin pausa, Lidia,
morir sin pausa.

CLAUDIA

CLAUDIA,
los semáforos se entrometieron
en nuestro camino.
Mientras tú los cruzabas en verde,
a mí se me pusieron todos en rojo.

ESE TIEMPO

SÓLO se ama de verdad
una vez en la vida.
Lo demás,
son palabras, gestos, vacío…,
días que se repiten
en ese tiempo infame del absurdo.

¿Y QUÉ ME IMPORTA A MÍ?

¿Y qué me importa a mí
que llueva o salga el sol?
Ella, la de los ojos grises,
ella, la de la risa fácil,
ya no me cubre con su sombra.
Se fue al despuntar el alba
como aquel que roba y huye,
se fue llevándose mi alma.
Ella, la de los ojos grises,
ella, la de la risa fácil.

OBDULIO

OBDULIO,
si las rosas no te dan placer,
busca el placer en las margaritas.

AQUELLA MUJER

POCO me importa deciros que era coja
y que poseía una rara belleza,
que nunca vi un pecho tan perfecto,
ni un pubis de tan hermosa flor;
que sus miembros eran delicados
y sus manos suaves y ligeras;
que nunca mujer alguna
me dijo palabras tan bellas,
ni que jamás otros ojos lloraron
de placer entre la ternura de mis brazos.

AQUELLA NOCHE DE VERANO

SE llamaba Liria,
y las flechas de Cupido
se clavaron en mí,
cuando miré el azul de sus ojos.
Entonces, besé sus labios
y acaricié su rostro con ternura.
Luego, entre las sombras de la noche,
nos fuimos a aquel parque,
y ya sólo tuvimos besos
para sellar aquel amor
de una loca noche de verano.

UNA NOCHE TE DIJE

UNA noche te dije:
—Disfrutemos este instante
de nuestras vidas,
que no tendremos otro, Liria.
Abrázame y goza de mis caricias,
que el mañana no existe
para un corazón que ama.

HELIO

FELICES los que teniendo un amor
no sufren de su mortal herida,
pues la vida, larga o corta,
les será placentera.
Así, las rosas más sensuales
los embriagará al atardecer,
y no habrá
sombras que los despierten
a altas horas en sus lechos.
Mas tú, desdichado Helio,
que no vives, ni estás muerto,
recorres las calles ebrio y sin amor,
como un perro lastimero
que ladra y huye de la noche.

RECUERDO LA FRUTA MADURA

RECUERDO la fruta madura
sobre los árboles,
un día de agosto
de un lejano verano;
mis manos se alzaban
entre la frondosidad
de aquel cuadro de Monet.
—¡C´est ça la vie, mon Dieu!
exclamaba aquella muchacha
como en una canción de Moustaki.
En sus ojos de ensueño,
tracé por primera vez
el triángulo de mi existencia:
amor   muerte
            olvido

A CINTIA

NUNCA desprecies el placer, Cintia,
que nuestras vidas son los ríos,
que nuestras vidas son los ríos.

¡OH, ESPERANZA!

¡OH, esperanza, haz que ella
regrese a mi lado!
Que vuelva a ser aquella joven risueña
y tan llena de vida.
Haz que desee otra vez mis besos,
y olvide a ese mal nacido de Juvencio.

AQUELLA

AQUELLA a la que tanto amé un día.
La que llevaba la blusa azul
y una flor roja en su pelo.
Aquella que me besó bajo la luna.
Aquella que me enseñó
los secretos del amor.
Aquella que nunca conocí.
Aquella.

¿QUÉ ES LA VIDA?

¿QUÉ es la vida? me preguntabas,
mirando al infinito cielo,
aquella noche bajo las estrellas.
No sabías que esa cuestión
la estaba contestando con mi boca
y mis manos sobre tu cuerpo.
La vida era sólo eso:
comer, reír, llorar… y, a veces,
tan sólo a veces, amarte hasta la locura.

AQUELLOS TIEMPOS

¡AH, aquellos tiempos de labios y cerezas!
¿Adónde fuisteis? ¿En qué lugar
se esconde el beso que te di?
¿Qué es el tiempo? ¿Qué es la vida?
¿He vivido? ¿Fue todo verdad?
Adiós para siempre, juventud.
Adiós rosas extinguidas.
Adiós belleza, adiós placeres de la vida.

EN AQUEL VIAJE

VENÍA de un largo viaje
en un autobús de tercera,
cuando ella se sentó a mi lado.
Bajo aquella oscuridad envolvente,
sentí el oscuro deseo
de besar sus labios.
Ella entonces adivinó mi pensamiento,
y metió su lengua en mi boca
hasta el fondo de mi garganta.
Luego, deslicé mis manos por sus muslos,
hasta llegar a su frondoso coño,
y allí estuve durante toda la noche.
Era lo único que me importaba
en aquellos locos años de mi vida.
Sentir el calor de un cuerpo a mi lado,
al que nunca volvería a ver,
pero que en ese momento me daba la vida.

LA BATALLA DEL AMOR

DILIO, todo amor conlleva una derrota.
Así que, no te aflija perder esta batalla,
pues, no pierde tanto aquel que amó,
sino aquella que no supo valorarlo.

VIVIR, MORIR

VIVIR, morir, Isis.
Sólo esto nos dan los dioses.
Sea, pues, nuestra venganza,
la de follar sin descanso.

BAJO AQUEL CIELO

BAJO aquel cielo y su luz te amé, Hera.
Fue tu resplandor,
la llamada del deseo,
la pasión de mi corazón,
la música callada de tu alma.

TENERTE, AMARTE, POSEERTE

TENERTE, amarte, poseerte...,
sentirte cerca de mí,
saber que eres
lo único que me importa;
no pedirle nada más a la vida,
amanecer entre tus brazos,
mirar tus ojos
como si fuera la primera vez,
y dejar que todo pase
como un hermoso sueño,
como un maravilloso viaje
que unió nuestros destinos.

¿AMARTE?

¿AMARTE? Poco me parece, Livia,
para este corazón hambriento.
Más bien, quiero beberme tu saliva
como haría un sediento,
y devorarte desde los pies hasta
el último pelo de tu cabeza.
Y no dejarme rincón de tu cuerpo
sin besar ni lamerte con mi lengua,
que todo lo que tú me ofreces
me lleva al desenfreno,
a esta febril locura del amante
herido y siempre insatisfecho.

TODO TIENE SU FIN

TODO tiene su fin.
La vida sólo fue un hermoso sueño,
como esas nubes que pasan
en una cálida tarde de verano;
como aquel pañuelo que nos dijo
adiós desde un tren;
como aquellas flores que nos dejaron
su perfume en nuestro recuerdo.

HOY HA AMANECIDO GRIS

HOY ha amanecido gris y llueve.
Pero no siempre el cielo es azul, Lidia.
También se oscurece a veces y
oculta al luminoso sol.
¿No es el cielo acaso un espejo
de nuestras vidas?
¿No hay nubes oscuras a veces
en nuestros corazones?
Seamos como el cielo, Lidia,
ya que, amanezca gris o azul,
siempre es el mismo cielo.

PUDE SER FELIZ

PUDE ser feliz y no lo fui, Claudia.
He aquí mi desgracia.
Ojalá hubiese sido
pájaro en las alturas.
Flor de un jardín abandonado.
Una pequeña piedra en el camino.
El perro pastor que guarda al rebaño.

AMADA MÍA

EN el cielo oscuro de la noche
recuerdo la luz de tus ojos, amada mía.

ÍNDICE

LOLITAS

Esta obra
se acabó de imprimir
bajo los auspicios de
Charo Fierro y
Antonio J. Huerga, editores.

FINIS CORONAT OPUS